Anne Berghaus

Sterbebegleitung

Auch die Seele braucht ein Zuhause

Anne Berghaus

Sterbebegleitung – Auch die Seele braucht ein Zuhause

Bibliografische Information der Deutschen Nationalbibliothek: Die Deutsche Nationalbibliothek verzeichnet diese Publikation in der Deutschen Nationalbibliografie; detaillierte bibliografische Daten sind im Internet über dnb.dnb.de abrufbar.

Titel:	Sterbebegleitung
Untertitel:	Auch die Seele braucht ein Zuhause
Autorin/Cover:	Anne Berghaus
Copyright:	© 2020 Anne Berghaus
Lektorat:	Alexandra Pisek www.lektorat-pisek.de
ISBN:	9783750470934
Herstellung und Verlag:	BoD – Books on Demand, Norderstedt

Inhaltsverzeichnis

Vorwort

Mein Name ist Anne Berghaus. Ich bin verheiratet und habe drei erwachsene Kinder. Von Beruf bin ich Verkäuferin und nach meiner Familienzeit habe ich noch einmal eine Ausbildung absolviert, diesmal zur Altenpflegerin.

Mittlerweile arbeite ich seit vielen Jahren in Senioren- und Wohnheimen. Hier bin ich in der Betreuung und Seelsorge tätig. Aber auch schon während meiner Familienzeit habe ich in der Kirche ehrenamtlich im Krankenhaus-Besuchsdienst mitgewirkt. Hier bin ich auch immer wieder mit sterbenskranken Menschen in Berührung gekommen.

Ich selbst bin katholisch, habe aber auch ökumenische Kontakte in evangelische und freie Gemeinden. Ich glaube daran, dass die frohe Botschaft von Jesus Christus für alle Menschen bestimmt ist.

In diesem Buch teile ich einige meiner Erfahrungen aus der Sterbebegleitung mit dem Leser. Außerdem kann dieses Buch eine Hilfestellung für Menschen sein, die auch im Bereich der Sterbebegleitung tätig sind oder es werden möchten.

Jeder Mensch ist einzigartig und jeder Mensch hat seine ganz besonderen Begabungen. Auch in der Begleitung von kranken und sterbenden Menschen hat jeder Mensch seine besondere Art und Weise, diese Aufgabe zu erfüllen.

Ich wünsche dem Leser, dass er seine besondere Begabung entdeckt und seinen einzigartigen Weg findet.

Anne Berghaus

Worum geht es in der Sterbebegleitung?

In der Sterbebegleitung, auch Sterbebeistand genannt, geht es darum, Menschen in den letzten Wochen vor ihrem Tod beizustehen, sie zu trösten und sie rücksichtsvoll zu betreuen.

Sterbebegleitung erwächst aus dem sozialen Miteinander und kann professionell durch Ärzte, Pflegende, Psychologen, Sozialpädagogen und Seelsorger sowie ehrenamtlich durch Hospizbegleiter erfolgen, vor allem aber durch Angehörige und Freunde.

Die Prinzipien der Sterbebegleitung wurden von der Hospizbewegung formuliert. Demnach versteht sich Sterbebegleitung in erster Linie als Lebenshilfe und grenzt sich damit von der Sterbehilfe ab.

Die Themen Sterben, Tod und Trauer werden im Alltag oft verdrängt. Bei der Begleitung eines sterbenden Menschen und bei der anschließenden Trauerbegleitung ist eine Beschäftigung mit diesen Themen aber nicht zu umgehen. Von freiwilligen Sterbebegleitern, die sich in die Hospizarbeit einbringen wollen, wird neben der Bereitschaft zur Reflexion unter anderem erwartet, *„eine eigene hospizliche Haltung herauszubilden, die in der achtsa-*

men und respektvollen Begegnung mit dem sterbenden Menschen und seiner ihm Nahestehenden mündet" (D. Blümke et al.: Qualitätsanforderung zur Vorbereitung Ehrenamtlicher in der Hospizarbeit. Hrsg.: Bundesarbeitsgemeinschaft Hospiz 2005).

Außerdem sollte sich der Freiwillige darüber bewusst sein, dass die Bedürfnisse des Sterbenden und seiner Angehörigen im Vordergrund stehen und eigene Vorstellungen nachrangig sind.

Die internationale Fachliteratur zeigt vielfältige Wege und verschiedene Methoden auf, Sterbenskranke und Sterbende sowie ihre Angehörigen zu begleiten. In diesem Buch geht es allerdings vorrangig um eigene Erfahrungen aus der Familie und dem Beruf.

Erste Erlebnisse mit Sterbenden

Bewusst bin ich das erste Mal als Sechsjährige mit dem Sterben in Berührung gekommen. Meine Oma väterlicher Seite war im Krankenhaus und lag im Sterben. Ich hörte, wie die Erwachsenen darüber sprachen. Einmal sagte jemand: „Die Seele der Oma hängt an einem seidenen Faden." Darüber habe ich nachdenken müssen. Die Seele, so habe ich als Kind immer gedacht, ist das Kinn in unserem Gesicht. Wie ich zu diesem Gedanken kam, weiß ich bis heute nicht. Also stellte ich mir als Kind die sterbende Oma mit einem Kinn vor, das an einem Faden hing. Das wollte ich unbedingt sehen.

Eine andere Sterbesituation erlebte ich – inzwischen war ich eine junge Frau geworden – bei meiner Großmutter mütterlicher Seite. Auch sie lag im Krankenhaus im Sterben und ich besuchte sie. Innerlich betete ich für meine Oma. Sie stöhnte und schien Schmerzen zu haben. Ich kniete mich neben sie ans Bett und hielt ihre Hand fest. Dann spürte ich, wie ein Windhauch durch meinen Körper zog und anschließend in den Körper meiner Oma überging. Genau in diesem Moment kam eine Krankenschwester in das Zimmer und ich musste es verlassen. Danach kamen meine Mutter und meine Tante und lösten mich bei der Sterbewache ab. Von ihnen hörte ich später, dass Oma friedlich eingeschlafen sei.

Dieses Erlebnis hat mich viele Jahre beschäftigt. Heute weiß ich, dass es das Wehen des Heiligen Geistes gewesen ist. Der Heilige Geist ist zu meiner Oma gekommen und hat ihr in dieser schweren Stunde beigestanden. Andere Namen für den Heiligen Geist sind Beistand, Tröster oder Helfer in der Not. Zu wissen, dass Gott selbst in der Sterbestunde bei meiner Oma war, gibt mir die Gewissheit, dass ich meine Oma im Himmel wiedersehen werde.

Eine weitere Sterbesituation erlebte ich in einem Seniorenheim. Es war meine erste Anstellung nach meiner Ausbildung zur Altenpflegerin. Der Opa meines Schwiegersohnes Phillip lebte auch in diesem Heim und ich durfte ihn in dieser Zeit des Sterbens begleiten. Er wurde immer schwächer. An dem Tag, an dem er starb, sang eine Frau, die ein Zimmer unter seinem Zimmer hatte, immer wieder ein bestimmtes Lied. Dieses Lied drang ganz deutlich in unser Zimmer hinein – und so ging es über mehrere Stunden. Die Frau, die dieses Lied immer wieder sang, war sehr dement, aber sie sang das passende Sterbelied. Anscheinend spürte sie in ihrem Geiste, was in der unsichtbaren Welt vor sich ging.

Wahrer Gott, wir glauben dir

Wahrer Gott, wir glauben dir,
du bist mit Gottheit und Menschheit hier;
du, der den Satan und Tod überwand,
der im Triumph aus dem Grabe erstand.
Preis dir, du Sieger auf Golgatha,
Sieger, wie keiner, alleluja.

Jesu, dir jauchzt alles zu:
Herr über Leben und Tod bist du.
In deinem Blute gereinigt von Schuld,
freun wir uns wieder der göttlichen Huld.
Gib, dass wir stets deine Wege geh'n,
glorreich wie du aus dem Grabe ersteh'n!

Text: Christoph Bernhard Verspoell (1810)

Diese besonderen Erlebnisse habe ich in meinem Herzen bis heute bewahrt.

Ein Pfarrer betet für Sterbende

In das Seniorenheim, in dem ich gearbeitet habe, kam regelmäßig ein Pfarrer und hielt Gottesdienste ab. In diesen Gottesdiensten hat der Pfarrer die Teilnehmer auch auf den Tod vorbereitet. Die Bewohner hörten immer sehr interessiert zu. Im Anschluss an diese Gottesdienste sangen der Pfarrer und die Bewohner Volkslieder. Das war für alle Beteiligten eine willkommene Abwechslung zu dem täglichen Einerlei im Seniorenheim.

Auch saß dieser Pfarrer oft an den Betten von sterbenden Menschen und tat Fürbitte. Einmal ging ich in ein solches Sterbezimmer hinein. Dort spürte ich deutlich die Gegenwart Gottes. In einem späteren Gespräch sagte mir dieser Pfarrer: „Ich bete immer solange für einen sterbenden Menschen, bis ich ihn sicher in Gottes Händen weiß." Oft saß dieser Pfarrer abends und nachts an den Betten von sterbenden Menschen.

Von diesem Pfarrer habe ich sehr viel gelernt, das ich bis heute bei meiner Arbeit sehr gut einbringen kann. Regelmäßig gestalte ich Andachten für Menschen mit Demenzerkrankungen, also für Menschen mit eingeschränkten Alltagskompetenzen. Die Kombination aus christlicher Verkündigung, Humor und Fröhlichkeit ist bei den Bewohnern sehr beliebt.

In einem anderen Seniorenheim habe ich wieder einen Pfarrer sehr schätzen gelernt. Dieser Pfarrer wurde immer zu sterbenden Menschen gerufen. Oft durfte ich bei solchen Begebenheiten zugegen sein. Die Art und Weise, wie er mit den Sterbenden betete, hat mich immer sehr berührt. Dieser Pfarrer sagte einmal zu mir: „Gott ist immer für die Menschen da, auch wenn die Menschen lange Strecken ihres Lebens ohne Gott gelebt haben. In dieser Sterbestunde streckt Gott noch einmal seine Hände aus und sagt: ‚Komm zu mir, mein Kind, ich liebe dich.'"

Die berührende Geschichte von Käthe

In einer Zeit, in der ich mich in einer schweren Lebenskrise befand, habe ich gemeinsam mit meiner Schwester Hilla eine Auszeit in Pura in der Schweiz verbracht. Wir wohnten in einem sehr guten Hotel und wurden köstlich versorgt. Hinzu kam die wunderbare Landschaft. Außerdem besuchten wir interessante Vorträge von Daniel Hari, die das Leben und den Glauben betrafen. Diese Auszeit hat mir sehr gutgetan und ich konnte wieder neue Kräfte sammeln.

Hier ist mir auch ein besonderes Buch in die Hände gefallen: „Hart und herrlich – Nachdenken im Leiden" von Hans-Rudolf Bachmann, erschienen 2002 im Scesaplana Verlag. Die Geschichte von Käthe in diesem Buch hat mich sehr berührt, weshalb ich sie an dieser Stelle wiedergebe:

Käthe

Etwa zwanzig Jahre lang wurde in unserer Einrichtung ein Mädchen namens Käthe versorgt. Sie war von Geburt an vollständig behindert und hat nie ein Wort sprechen gelernt.

Stumpf vegetierte Käthe dahin. Abwechselnd stierte sie bewegungslos stundenlang vor sich hin oder befand sich stundenlang in zappelnder Bewegung. Sie aß und trank, schied das Aufgenommene wieder aus, schlief oder stieß einmal einen Schrei aus.

Andere Lebensregungen haben wir an ihr in den langen Jahren nie wahrgenommen. An allem, was in ihrer Umgebung vor sich ging, schien sie nicht den geringsten Anteil zu nehmen. Auch körperlich wurde das Mädchen immer elender; ein Bein musste ihr abgenommen werden, und das Siechtum wurde immer stärker.

Schon längst wünschten wir, dass Gott dem armseligen Leben ein Ende mache. Da rief mich eines Morgens Herr Dr. W. an und bat mich, mit ihm gleich einmal zu Käthe zu gehen, die im Sterben liege.

Als wir in die Nähe des Sterbezimmers kamen, fragten wir uns, wer wohl Käthe Sterbelieder singe. Als wir in das Zimmer traten, trauten wir unseren Augen und Ohren nicht; die von Geburt an völlig behinderte Käthe, die nie ein Wort gesprochen hatte, sang sich selbst die Sterbelieder. Vor allen Dingen sang sie immer wieder: „Wo findet die Seele die Heimat, die Ruh? Ruh, Ruh, himmlische Ruh?"

Etwa eine halbe Stunde lang sang sie mit selig verklärtem Gesicht und ging dann sanft und still heim.

Nur mit tiefster Bewegung konnten wir das Sterben dieses Mädchens miterleben. Wie viele Fragen gab uns diese Sterbestunde auf! Käthe hatte also nur scheinbar an alldem, was in der Umgebung vor sich ging, nicht teilgenommen. In Wirklichkeit hat sie sichtlich gar manches in sich aufgenommen. Denn woher hatte sie Text und Melodie des Liedes, wenn nicht aus ihrer Umgebung? Und sie hatte den Inhalt des Liedes richtig verstanden und wandte ihn in der entscheidenden Stunde ihres Lebens an. Das war uns schon wie ein Wunder. Noch größer aber erschien uns das Wunder, dass die bis dahin völlig stumme Käthe plötzlich klar und deutlich Worte des Liedes wiedergeben konnte. Herr Dr. W. erklärte immer wieder: „Medizinisch gesehen stehe ich vor einem Rätsel." Durch zahlreiche Hirnhautentzündungen sind solche anatomischen Veränderungen in der Hirnrinde vor sich gegangen, dass es dem Verstand nicht begreiflich ist, wie das sterbende Mädchen plötzlich klar und deutlich und mit Verständnis singen konnte.

Hans-Rudolf Bachmann sagt in diesem Buch zu der Geschichte von Käthe:

„*Es erinnert mich daran, dass ein Mensch immer weit mehr ist als das, was vor Augen steht. Der verborgene Mensch des Herzens ist eine Realität, die ernst genommen werden will – auch dann, wenn der innere Mensch sich kaum oder gar nicht artikulieren kann. Der verborgene Mensch des Herzens nimmt auf und nimmt wahr, er versteht und lernt und wächst, auch wenn nahezu alle körperlichen Instrumente der Äußerung und Innerung gestört oder gar zerstört sind. Diese Erkenntnis soll mein Verhalten bestimmen, meine Sicht und meinen Umgang mit jedem Leidenden, auch dem schwerstbehinderten Menschen.*

Es erinnert mich daran, dass der Tod nicht das Ende ist, sondern ein Übergang. Bei Käthe war es der Übergang zum wirklichen Leben, der Durchbruch in die Ewigkeit. Ihr Gefängnis ist aufgebrochen, ihr verborgenes Leben, ihre ewige Bestimmung ist offenbar geworden und sie hat sie singend angetreten.

Auch wenn die damaligen Betreuerinnen es nicht bewusst getan haben, sie haben Käthe vorbereitet. Sie hat Lieder lernen und geistliche Erkenntnis gewinnen können. Darum ist es wichtig, dass auch an Betten von Menschen, ,die nichts mehr aufnehmen können, das Evangelium von Jesus Christus nicht verschwiegen wird. "

Soweit die Gedanken von Hans-Rudolf Bachmann.

Sensibler Umgang mit kriegstraumatisierten Soldaten

In einer Weiterbildung, an der ich teilnahm, wurde unter anderem über Kriegstraumata gesprochen. Es ging darum, dass auf vielen Soldaten Schuld lastet – auch wenn die Soldaten sich gar nicht schuldig machen wollten, wurden sie doch in diese Rolle gezwängt. Nach dem Krieg wurde das Thema tabuisiert. Viele Soldaten litten darunter, dass sie sich ihre schlimmen Erlebnisse nicht von der Seele reden durften, waren vor ihrem Tod oft sehr unruhig und fingen dann an, von Kriegserlebnissen zu erzählen. Häufig hatten sie auch Albträume und konnten nur schwer und unruhig sterben.

In dieser Weiterbildung wurde gelehrt, sensibel für die erlebten Kriegstraumata zu werden, denn viele Soldaten möchten so gerne ihre Schuld ablegen. Daher ist es fatal, dieses Thema totzuschweigen.

Kriegstraumatisierte Menschen sollten ein offenes Ohr bekommen – auch diejenigen, die Schuld auf sich geladen haben.

Das Vaterunser ist ein sehr gutes Gebet, das man mit oder auch für sterbende Menschen beten kann. Manchmal kommt es auch zu einem Gespräch über den Passus *„Und vergib uns unsere Schuld, wie auch wir vergeben unsern Schuldigern"*.

In Seniorenheimen wird dann oft der zuständige Pfarrer gerufen, um mit dem sterbenden Menschen noch einmal zu beten.

Ein Sterbender

Ich erinnere mich an einen etwa 45-jährigen Mann, der gezeichnet von seiner Krebserkrankung zu uns ins Altenpflegeheim kam. Er war austherapiert, es gab keine Hoffnung auf Heilung. Mit diesem Mann habe ich einige Gespräche geführt. In seinem Leben gab es viele Brüche. Er hatte keine persönlichen Kontakte mehr. Dieser Mann hatte sich in keiner Weise mit dem Sterben auseinandergesetzt. Mit Gott und der Kirche wollte er nichts zu tun haben. Er erzählte immer wieder, was er alles noch machen möchte, wenn er wieder entlassen wird.

Die Zeit verging und dem Mann ging es gesundheitlich zunehmend schlechter. Als ich nach einem Urlaub wieder in der Einrichtung war, hörte ich, dass dieser Mann im Sterben lag. In Gedanken sah ich, wie er sagte: „Ich glaube nicht an Gott und ich will auch nicht beten."

Als ich an seinem Zimmer vorbeigehen wollte, spürte ich eine göttliche Regung in mir. Ich ging in das Zimmer hinein. Dort lag dieser Mann in seinem Bett und er war nicht mehr ansprechbar.

Ich setzte mich auf den Stuhl neben diesen Mann. Er tat mir sehr leid. Ich respektierte seinen Wunsch, dass er kein Gebet wollte. Aber innerlich hielt ich leise Fürbitte. Ich betete ein Vaterunser und ich bat Gott um Erbarmen für diesen Mann. Nach einiger Zeit spürte ich, dass Gottes Gegenwart in diesem Zimmer war. Dann verließ ich das Zimmer und überließ diesen Mann der Obhut Gottes.

Ein anderes Beispiel: Eine Pflegefachkraft erzählte mir von einem sterbenden Mann. Er war ein richtiges Raubein gewesen. In seiner Sterbestunde bat er diese Pflegerin: „Kannst du bitte mit mir beten?"

Darüber war die Pflegerin sehr verwundert, denn dieser Mann wollte nie etwas von Gott wissen. Natürlich hat sie mit ihm gebetet.

Der reiche Mann und der arme Lazarus

Lukasevangelium 16,19–31

19 Es war einmal ein reicher Mann, der immer die teuerste Kleidung trug und Tag für Tag im Luxus lebte. 20 Vor seinem Haustor lag ein Armer, der hieß Lazarus. Sein Körper war ganz mit Geschwüren bedeckt. 21 Er wartete darauf, dass von den Mahlzeiten des Reichen ein paar kümmerliche Reste für ihn abfielen. Er konnte sich nicht einmal gegen die Hunde wehren, die seine Wunden beleckten. 22 Der Arme starb und die Engel trugen ihn an den Ort, wo das ewige Freudenmahl gefeiert wird; dort erhielt er den Ehrenplatz an der Seite Abrahams. Auch der Reiche starb und wurde begraben. 23 In der Totenwelt litt er große Qualen. Als er aufblickte, sah er in weiter Ferne Abraham, und Lazarus auf dem Platz neben ihm. 24 Da rief er laut: „Vater Abraham, hab Erbarmen mit mir! Schick mir doch Lazarus! Er soll seine Fingerspitze ins Wasser tauchen und meine Zunge ein wenig kühlen, denn das Feuer hier brennt entsetzlich." 25 Aber Abraham sagte: „Mein Sohn, denk daran, dass du schon zu Lebzeiten das dir zugemessene Glück erhalten hast, Lazarus aber nur Unglück. Dafür kann er sich nun hier freuen, wäh-

rend du Qualen leidest. 26 Außerdem liegt zwischen uns und euch ein riesiger Graben. Selbst wenn jemand wollte, könnte er nicht zu euch kommen, genauso wie keiner von dort zu uns gelangen kann." 27 Da bat der reiche Mann: „Vater Abraham, dann schick Lazarus doch wenigstens in mein Elternhaus! 28 Ich habe noch fünf Brüder. Er soll sie warnen, damit sie nicht auch an diesen schrecklichen Ort kommen!" 29 Doch Abraham sagte: „Deine Brüder haben das Gesetz Moses und die Weisungen der Propheten. Sie brauchen nur darauf zu hören." 30 Der Reiche erwiderte: „Vater Abraham, das genügt nicht! Aber wenn einer von den Toten zu ihnen käme, dann würden sie ihr Leben ändern." 31 Abraham sagte: „Wenn sie auf Moses und die Propheten nicht hören, dann lassen sie sich auch nicht überzeugen, wenn jemand vom Tod aufersteht."

Nahtoderlebnisse

Es gibt immer wieder Berichte von Nahtoderlebnissen. Einige Menschen berichten über ein helles Licht und schöne angenehme Gefühle. Andere erzählen, dass sie im Himmel waren und eine Begegnung mit Jesus hatten. Es gibt aber auch diejenigen, die berichten, dass sie in der Hölle waren.

Wenn Sie im Internet das Wort „Nahtoderfahrungen" eingeben, haben Sie die Möglichkeit, viele unterschiedliche Beiträge zu diesem Thema zu lesen. An dieser Stelle möchte ich Ihnen einen Bericht über eine Nahtoderfahrung weitergeben.

„Ich war tot und landete in der Hölle"

kath.net, 26. März 2019

Matthew Botsford wurde von einer Kugel getroffen, dreimal wiederbelebt, lag 27 Tage im künstlichen Koma: „Was ich gelernt habe, ist, dass Hölle und Himmel echte Orte sind, und unsere Beziehung zu Gottes Sohn Jesus bestimmt unser Ziel."

Atlanta (kath.net)

Von einem ungewöhnlichen Nahtoderlebnis hat der US-Amerikaner Matthew Botsford in einem Interview mit der BILD-Zeitung berichtet. Botsford wurde vor einem Restaurant in Atlanta (USA) von einer Kugel getroffen und lag anschließend 27 Tage im künstlichen Koma. Auf dem Weg ins Krankenhaus wurde Matthew dreimal wiederbelebt. Laut seinen Beschreibungen wurde sofort alles schwarz. „Ich befand mich sofort in einer Art riesigen Höhle, hing mit ausgestreckten Armen wie bei einer Kreuzigung an die Felswand gekettet, unter mir der endlose Abgrund." Zusätzlich gab es Geruch nach verrottendem Fleisch. Außerdem tauchten in der Dunkelheit Augenpaare auf und Krallen, die ihm die Haut vom Körper rissen. „Ich wusste, dass ich nichts tun konnte, um diese Qual zu beenden, denn ich war außerhalb der Zeit. Ich war in der Ewigkeit." Matthew glaubt, dass er in einer Art Höllenverlies war. „Voller Hoffnungslosigkeit, keine Gedanken an etwas Gutes, nur Qual, Hoffnungslosigkeit, Angst und Wut mir gegenüber." Später kam die Erlösung, eine große, männliche Hand bahnte sich ihren Weg durch die Dunkelheit und ergriff seine Taille. Die Fesseln fielen weg, auch die Schwärze verschwand. Er wurde wieder ins Leben zurückgerufen und glaubt, dass die

Gebete seiner Frau ihm geholfen haben. „Was ich gelernt habe, ist, dass Hölle und Himmel echte Orte sind, und unsere Beziehung zu Gottes Sohn Jesus bestimmt unser Ziel."

Einen weiteren Bericht über Erlebnisse aus der Hölle finden Sie in dem Buch „Lieben wie Jesus" von Daniel Hari, erschienen 2005 im Verlag Urs-Heinz Naegeli in der Schweiz. Diesen Bericht gebe ich mit eigenen Worten in einer kurzen Zusammenfassung wieder:

Ein Mann hatte einen Herzinfarkt erlitten und war klinisch tot. Während er reanimiert wurde, rief er immer wieder: „Hilfe, ich bin in der Hölle." Der Arzt, der ihn reanimierte, war Atheist und geschockt über diese Hilferufe. Aber diese Hilferufe waren so realistisch, dass man die Not dieses sterbenden Menschen sah. Der Arzt betete in diesem Moment der Bedrohung. Er sagte: „Gott, wenn es dich gibt, dann hole diesen Mann wieder zurück." Nach einiger Zeit begann dieser Mann wieder zu atmen und er kam ins Leben zurück. Beide Männer sind nach diesem Erlebnis gläubig geworden.

Der Sinn des Lebens

In der christlichen Sterbebegleitung geht es neben Trost, Beistand und Versorgung auch darum, dem Menschen zu helfen, zu Gott zu kommen.

Gottes Ziel mit unserem Leben ist, dass wir zum Glauben kommen. Ohne den rettenden Glauben an den Herrn Jesus Christus gehen wir verloren. Darum sagte Paulus dem Kerkermeister zu Philippi: *„Glaube an den Herrn Jesus, so wirst du und dein Haus selig!"* (Apostelgeschichte 16,31).

Die Bibel ist absolut eindeutig in Bezug darauf, was der Sinn unseres Lebens sein sollte. Menschen im Alten und Neuen Testament suchten nach und entdeckten den Lebenssinn. Salomon, der weiseste Mann, der jemals gelebt hat, erfährt die Sinnlosigkeit des Lebens, dass nur für diese Welt gelebt wird. Er gibt folgende abschließende Bemerkungen im Buch Prediger: *„Fassen wir alles zusammen, so kommen wir zu dem Ergebnis: Nimm Gott ernst und befolge seine Gebote! Das ist alles, worauf es für den Menschen ankommt. Über alles, was wir tun, wird Gott Gericht halten, über die guten und die* *schlechten Taten, auch wenn sie jetzt noch verborgen sind."* (Prediger 12,13–14).

Der Apostel Paulus spricht von allem, was er im religiösen Leben erreicht hat, bevor er mit dem auferstandenen Christus konfrontiert wird, und er schließt ab, dass es ein Misthaufen im Vergleich zu der Vortrefflichkeit, Jesus Christus zu kennen, war. In Philipper 3,9–10 sagt Paulus, dass er nichts mehr will, als Gott zu kennen und *„vor Gott als gerecht [zu] bestehen"*. Er möchte seine Gerechtigkeit besitzen und durch den Glauben an Gott leben, auch wenn es Leiden und Tod beinhaltet. Der Sinn des Lebens von Paulus ist, Gott zu kennen, Gerechtigkeit zu erleben, die durch den Glauben zu erwerben war, und in Gemeinschaft mit Gott zu leben, auch wenn es Leiden kostet (2. Timotheus 3,12). Letztendlich strebt er nach der Zeit, in der er an der *„Auferstehung von den Toten"* beteiligt sein würde.

Ich persönlich glaube, dass der Sinn des Lebens darin besteht, Gott zu suchen, ihn zu finden und durch Jesus Christus zum Vater im Himmel zu gelangen.

Bibelstellen zu *Der Sinn des Lebens*

Apostelgeschichte 16,31

Befreiung der Gefangenen und Bekehrung des Gefängniswärters

25 Um Mitternacht beteten Paulus und Silas und priesen Gott in Lobgesängen. Die anderen Gefangenen hörten zu. 26 Da gab es plötzlich ein gewaltiges Erdbeben. Die Mauern des Gefängnisses schwankten, alle Türen sprangen auf und die Ketten fielen von den Gefangenen ab. 27 Der Gefängniswärter fuhr aus dem Schlaf. Als er die Türen offen stehen sah, zog er sein Schwert und wollte sich töten; denn er dachte, die Gefangenen seien geflohen. 28 Aber Paulus rief, so laut er konnte: „Tu dir nichts an! Wir sind alle noch hier." 29 Der Wärter rief nach Licht, stürzte in die Zelle und warf sich zitternd vor Paulus und Silas nieder. 30 Dann führte er sie hinaus und fragte: „Ihr Herren, Götter oder Boten der Götter! Was muss ich tun, um gerettet zu werden?" 31 Sie antworteten: „Jesus ist der Herr! Erkenne ihn als Herrn an und setze dein Vertrauen auf ihn, dann wirst du gerettet und die Deinen mit dir!" 32 Und sie verkündeten ihm und allen in seinem Haus die

Botschaft Gottes. 33 Der Gefängniswärter nahm Paulus und Silas noch in derselben Nachtstunde mit sich und wusch ihre Wunden. Dann ließ er sich mit seiner ganzen Hausgemeinschaft, seiner Familie und seinen Dienstleuten taufen. 34 Anschließend führte er die beiden hinauf ins Haus und lud sie zu Tisch. Er und alle die Seinen waren überglücklich, dass sie zum Glauben an Gott gefunden hatten.

Prediger 12,13–14

13 Fassen wir alles zusammen, so kommen wir zu dem Ergebnis: Nimm Gott ernst und befolge seine Gebote! Das ist alles, worauf es für den Menschen ankommt. 14 Über alles, was wir tun, wird Gott Gericht halten, über die guten und die schlechten Taten, auch wenn sie jetzt noch verborgen sind.

Philipper 3,9–10

Menschliche Vorzüge und Leistungen zählen nicht. 2 Nehmt euch in Acht vor diesen elenden Hunden, diesen falschen Missionaren, diesen Zerschnittenen! 3 Ich nenne sie so, denn die wirklich Beschnittenen sind wir, die der Geist Gottes befähigt, Gott in der rechten Weise zu dienen. Denn wir bauen nicht auf Vorzüge, die irdisch und menschlich sind, sondern rühmen uns allein damit, dass wir zu Jesus Christus gehören. 4 Auch ich könnte mich auf solche Vorzüge berufen. Wenn andere meinen, sie könnten mit irdischen Vorzügen großtun – ich hätte viel mehr Grund dazu. 5 Ich wurde beschnitten, als ich eine Woche alt war. Ich bin von Geburt ein Israelit aus dem Stamm Benjamin, ein Hebräer von reinster Abstammung. Was die Stellung zum Gesetz angeht, so gehörte ich zur strengen Richtung der Pharisäer. 6 Mein Eifer ging so weit, dass ich die christliche Gemeinde verfolgte. Gemessen an dem, was das Gesetz vorschreibt, stand ich vor Gott ohne Tadel da. 7 Aber dies alles, was mir früher als Vorteil erschien, habe ich durch Christus als Nachteil erkannt. 8 Ich betrachte überhaupt alles als Verlust im Vergleich mit dem überwältigenden Gewinn, dass ich Jesus Christus als meinen Herrn kenne. Durch ihn hat für mich alles andere seinen Wert verloren, ja, ich halte es für bloßen Dreck. Nur noch Christus besitzt für mich einen Wert. 9 Zu ihm möchte ich um jeden Preis gehören. Deshalb will ich nicht mehr durch mein eigenes Tun vor Gott als gerecht bestehen. Ich suche nicht meine eigene Gerechtigkeit, die aus der Befolgung des Gesetzes kommt, sondern die Gerechtigkeit, die von Gott kommt und denen geschenkt wird, die glauben. Ich möchte vor Gott als gerecht bestehen, indem ich mich in vertrauendem Glauben auf das verlasse, was er durch Christus für mich getan hat. 10 Ich möchte nichts anderes mehr kennen als Christus: Ich möchte die Kraft seiner Auferstehung erfahren, ich möchte sein Leiden mit ihm teilen. Mit ihm gleich geworden in seinem Tod, 11 hoffe ich auch, zur Auferstehung der Toten zu gelangen.

1. Johannes 3,2

2 Ihr Lieben, wir sind schon Kinder Gottes. Was wir einmal sein werden, ist jetzt noch nicht sichtbar. Aber wir wissen, wenn es offenbar wird, werden wir Gott ähnlich sein; denn wir werden ihn sehen, wie er wirklich ist.

2. Timotheus 3,12

12 Alle, die in der Bindung an Jesus Christus ein Leben führen wollen, das Gott gefällt, werden Verfolgungen erleiden.

Psalm 50,15

15 Bist du in Not, so rufe mich zu Hilfe! Ich werde dir helfen und du wirst mich preisen.

Weitere Begegnungen

In dem Seniorenheim, in dem ich gearbeitet habe, habe ich eine Bewohnerin über einen längeren Zeitraum begleitet. Ich nenne sie Petra. Petra war psychisch krank. Als ich sie kennenlernte, war sie 54 Jahre alt. Aufgrund ihrer psychischen Erkrankung war es nicht einfach, mit Petra zurechtzukommen. Mit dem Pflegepersonal gab es auch immer wieder große Diskussionen. Ich war in einer besonderen Situation, sodass ich Petra auf einer anderen Ebene begegnen konnte. Petra hatte ein kindliches Gemüt. Wenn ich mich nach einem Besuch verabschiedete, sagte sie immer: „Kommst du mich bald wieder besuchen und bringst du mir dann etwas Süßes mit?"

Einmal habe ich Gummibärchen mitgebracht und ein anderes Mal eine Tüte Chips. Darüber freute sie sich immer sehr. Manchmal fragte sie dann: „Du, Anne, glaubst du an Gott?" Ich sagte: „Ja, ich glaube an Gott." Daraufhin erwiderte Petra: „Nein, ich glaube nicht an Gott."

Ein anderes Mal sagte sie zu mir: „Du, Anne, wenn ich tot bin und da unten in der Kiste liege, da habe ich Angst davor."

Immer wieder hat Petra mich mit solchen Fragen und Äußerungen bombardiert. Ich erzählte dann, dass sich die Seele nach dem Tod von unserem Körper trennt und an einen anderen Ort geht. In der Kiste liegt dann nur noch unser menschlicher Körper. Die Seele, der Geist oder sagen wir der innere Mensch, der lebt ewig – entweder bei Gott oder in der Gottesferne. Jeder Mensch kann selbst wählen, ob er bei Gott sein möchte oder nicht.

Diese Fragen und Aussagen haben Petra sehr beschäftigt. Oft habe ich für Petra gebetet. Einmal bat ich Gott um gute Worte für Petra, damit sie sich für den Glauben öffnen kann. Beim Lesen des Buches „13 Gottesdienste für Menschen mit und ohne Demenzerkrankung" von Schwester Christine, 2019 erschienen im Independent-Verlag Marc Latza, kam mir ein guter Gedanke für Petra. Er entstammt der Andacht Nr. 3: Gott hat dich bei deinem Namen gerufen.

Bei meinem nächsten Besuch las ich Petra diesen Gedanken vor. Sie hörte ganz aufmerksam zu und ich konnte in ihrem Gesicht lesen, wie sie diese Worte innerlich aufgesaugte.

Jeder Mensch hat bei seiner Geburt einen Namen erhalten. Wenn wir bei unserem Namen gerufen werden, werden wir aufmerksam. Unser Name ist wichtig für uns. Auch Gott ruft uns beim Namen. Er kennt jeden von uns. Jeder Mensch ist einzigartig und wird von Gott geliebt.

Gerade jetzt spricht so der Herr, der dich, Petra, erschaffen hat und dich, Petra, formte: „Fürchte dich nicht, denn ich habe dich errettet! Ich habe dich bei deinem Namen gerufen; du gehörst zu mir! Selbst wenn du tiefe Wasser durchquerst, bin ich mit dir. Die Strömungen sollen dich nicht fortreißen. Selbst wenn du mitten durchs Feuer gehst, wirst du nicht verbrennen; ja, die Flammen werden dich nicht ansengen. Das habe ich deshalb getan, weil du in meinen Augen besonders wertvoll bist! Du bist mir besonders wichtig! Ich liebe dich! Fürchte dich doch nicht, denn ich bin mit dir!"

In dem anschließenden Gespräch fragte Petra: „Meinst du, das gilt auch für mich?"

Ich konnte ihr sagen: „Ja, das gilt auch für dich. Gott hat dich sehr lieb. Und wenn du dann einmal stirbst, wird Gott bei dir sein. Er wird dich durch diese Situation führen und du brauchst keine Angst vor der Kiste zu haben. Denn du bist dann bei Gott."

Für meinen nächsten Besuch hatte ich wieder eine Tüte Chips besorgt. Ich wollte Petra eine Freude bereiten. Als ich an der Tür klopfte, meldete sich Petra nicht. Die Tür stand einen Spalt weit offen. Ich ging vorsichtig in das Zimmer hinein und sagte: „Hallo Petra!"

Irgendwie lag sie komisch im Bett und als ich genauer hinschaute, bemerkte ich, dass Petra schon tot war. Sie war wohl gerade verstorben.

Am gleichen Tag starb auch Bernhard (Name geändert). Auch ihn habe ich über einen längeren Zeitraum engmaschig betreut und begleitet. Wir haben ebenfalls viele Glaubensgespräche geführt. Bernhard war aber gläubig. Oft sagte er: „Jesus ist bei mir." Obwohl er schwer krank war und oft auch unter Schmerzen litt, hatte er doch ein freundliches und dankbares Wesen.

Als ich Bernhard am gleichen Tag noch besuchte, war der Schrecken von der verstorbenen Petra noch in mir. Ich sprach mit Bernhard über den Himmel. Bernhard freute sich auf den Himmel, denn dort werden alle Tränen abgewischt von Gott, dem Vater, und es gibt dort auch keine Schmerzen mehr. Bernhard sagte: „Ja, ich werde zu Gott gehen." Wir beteten zusammen ein Vaterunser. Ich sagte: „Wir sehen uns im Himmel wieder." Er war ganz schwach und hauchte nur: „Ja". Als ich am nächsten Morgen zur Arbeit kam, hörte ich, dass Bernhard in der Nacht verstorben ist.

Als ich in einem Heim für wohnungslose Menschen beschäftigt war, traf ich auf einen ganz besonderen Menschen. Dieser Mensch, ich nenne ihn Alfonso, war immer sehr lustig und zu Späßen aufgelegt.

Einmal begleitete ich Alfonso zu einer Beerdigung. Als Alfonso vor dem Grab stand und hineinschaute, überkam ihn ein großer Schrecken. Alfonso wurde kreidebleich und verlor jegliche Farbe aus seinem Gesicht. Dieser Schrecken hielt tagelang an und raubte ihm den Schlaf. Alfonso lief immer unruhig hin und her. In dieser Zeit der Unruhe kam Alfonso fast täglich zu mir In mein Büro und wollte mit mir über das Sterben sprechen.

Zum Schluss eines solchen Gesprächs beteten wir gemeinsam das Vaterunser. Kurze Zeit später ist Alfonso, eigentlich relativ unerwartet, verstorben.

Ich glaube, dass Alfonso ein heiliges Erschrecken erlebt hatte. Ihm wurde plötzlich bewusst: Auch ich werde einmal sterben, und wo komme ich dann hin? Ich hoffe, dass die Gespräche ihm geholfen haben und er Frieden bei Gott fand.

Ein anderes Erlebnis hatte ich im Pflegeheim mit einem älteren Herrn. Dieser Herr war immer sehr übellaunig und nörgelte viel herum. Einige Male besuchte er auch unsere Demenz-Andachten. Hier hörte er immer sehr andächtig zu und nickte zustimmend.

Einige Wochen vor seinem Tod stellte ich eine sehr auffällige Wesensveränderung bei ihm fest. Er war milde und freundlich geworden. Man konnte ihm anmerken, dass er mit Gott im Reinen war. In dieser Zeit sagte er einmal sehr freundlich zu mir: „Da kommt ja meine Freundin." Er hielt meine Hand sehr lange fest. Es war schön anzusehen, wie dieser Mann sein Sterben angenommen hatte. Er war friedlich eingeschlafen.

Vor einiger Zeit besuchte ich einen Mann, der schon längere Zeit krank in seinem Bett lag. Seine Situation war nicht sonderlich rosig. Wir kamen ins Gespräch und er sagte zu mir: „Dreh dich doch mal um und schau dort an die Wand." Ich wusste zuerst nicht, was er meinte. Dann fügte er hinzu: „Da hängt ein kleines Kreuz. Siehst du das?" Tatsächlich, er hatte ein kleines Kreuz aus Metall an der Wand hängen. Nun sagte er zu mir: „Immer wenn ich auf dieses Kreuz schaue, geht es mir gut." In diesem Moment strahlten seine Augen Freude aus. Er bekam Kraft aus der Beziehung zu Gott.

Ein Taxifahrer erzählt

(Mündlich überliefert, Verfasser unbekannt)

Ich wurde zu dieser Adresse bestellt und wie gewöhnlich hupte ich, als ich ankam. Doch kein Fahrgast erschien. Ich hupte erneut. Nichts. Noch einmal! – Wieder nichts. Dies sollte für heute meine letzte Fahrt sein. Es wäre leicht gewesen, einfach wieder wegzufahren. Ich entschied mich jedoch dagegen, parkte den Wagen und ging zur Haustür. Kaum hatte ich gekloppt, hörte ich eine alte gebrechliche Stimme sagen: „Bitte, einen Augenblick noch!"

Es verging eine Weile, bis sich endlich die Tür öffnete. Vor mir stand eine kleine alte Dame, bestimmt 90 Jahre alt. Ihre gesamte Erscheinung sah aus, als wäre sie einem Film der 1940er Jahre entsprungen. „Bitte, junger Mann, tragen Sie mir meinen Koffer zum Wagen", sagte sie. Ich nahm den Koffer und packte ihn in den Kofferraum. Ich ging zurück zu der Dame, um ihr beim Gang zum Auto ein wenig zu helfen. Sie bedankte sich für meine Hilfsbereitschaft. „Das ist nicht der Rede wert", antwortete ich ihr.

Als die Dame in meinem Taxi Platz genommen hatte, gab sie mir die Zieladresse, gefolgt von der Frage, ob wir durch die Innenstadt fahren könnten. „Nun, das ist aber nicht der kürzeste Weg, eigentlich sogar ein erheblicher Umweg", gab ich zu bedenken. „Oh, das macht nichts", sagte sie. „Ich bin nicht in Eile. Ich bin auf dem Weg in ein Hospiz", sagte sie. Ein Hospiz, schoss es mir durch den Kopf. Dort werden doch sterbenskranke Menschen versorgt und beim Sterben begleitet. Ich schaute in den Rückspiegel und betrachtete die Dame noch einmal.

„Ich hinterlasse keine Familie", fuhr sie mit sanfter Stimme fort. „Der Arzt sagt, ich habe nicht mehr sehr lange." Ich schaltete das Taxameter aus. „Welchen Weg sollen wir nehmen?", fragte ich.

Für die nächsten zwei Stunden fuhren wir einfach nur durch die Stadt. Sie zeigte mir das Hotel, in dem sie einst an der Rezeption gearbeitet hatte. Wir fuhren zu unterschiedlichen Orten. Sie zeigte mir das Haus, in dem sie und ihr verstorbener Mann gelebt hatten, als sie noch ein junges Paar waren. An manchen Gebäuden und Straßen bat sie mich, besonders langsam zu fahren. Sie sagte dann nichts. Sie schaute einfach nur aus dem Fenster und schien mit ihren Gedanken noch einmal auf Reisen zu gehen. „Ich bin müde", sagte die alte Dame plötzlich. „Jetzt können wir zu meinem Ziel fahren."

Das Hospiz hatte ich mir viel größer vorgestellt. Zwei Sanitäter öffneten die Fahrgasttür. Sie schienen sehr besorgt. Sie mussten schon sehr lange auf die Dame gewartet haben. Und während die Dame im Rollstuhl Platz nahm, trug ich ihren Koffer zum Eingang des Hospizes. „Wieviel bekommen Sie von mir für die Fahrt?", fragte sie. „Nichts", sagte ich. Und ohne darüber lange nachzudenken, umarmte ich sie. Sie drückte mich ganz fest an sich.

„Sie haben einer alten Frau auf ihren letzten Metern noch ein klein wenig Freude und Glück geschenkt. Danke", sagte sie mit glasigen Augen zu mir. Hinter mir schloss sich die Tür des Hospizes. Es klang für mich wie der Abschluss eines Lebens.

Wenn ich an diese Fahrt zurückdenke, glaube ich, dass ich noch nie etwas Wichtigeres in meinem Leben getan habe.

Hilfreiches Verhalten

Wer professionell mit alten und kranken Menschen zu tun hat, wird häufig mit dem Tod konfrontiert. Diese letzte Begleitung und Pflege stellen allerdings eine enorme psychische Belastung dar.

Es ist nicht das Sterben allein, das betrübt und belastet; oftmals sind die Pflegekräfte unsicher, wie sie mit den Sterbenden und deren Angehörigen umgehen und sprechen sollen.

Wo Sterbebegleitung ein fester, selbstverständlicher Bestandteil der Pflegetätigkeit ist, geht das Pflegepersonal souveräner mit den entsprechenden Anforderungen um. Die Belastung des Pflegepersonals sinkt deshalb enorm, wenn die Betreuung Sterbender als wichtige Aufgabe gewürdigt wird, wenn die alltägliche Arbeit genügend Zeit lässt, sich um Sterbende zu kümmern, wenn die Begleitung Sterbender von Kollegen und Kolleginnen anerkannt wird, wenn alles für eine ausreichende Schmerzlinderung getan wird und wenn Wünsche des Sterbenden, wenn möglich, erfüllt werden.

Bei Gesprächen haben wir die Möglichkeit zu hören – oder auch hinzuhören – oder auch zuzuhören.

Zuhören ist die intensivste Form des Hörens und sie drückt auch unsere Wertschätzung aus. Wenn wir zuhören, hat unser Gegenüber die Möglichkeit, sich etwas von der Seele zu reden.

Einen sterbenden Menschen, egal welchen Alters, auf seiner letzten Reise zu begleiten, ist alles andere als einfach. Es bedarf eines gewissen Feingefühls, aber auch der Fähigkeit, zuhören zu können. Zuhören, um herauszufinden, wie sich der Sterbende vorstellt, seine ihm verbleibende Zeit zu verbringen. Es gibt sehr viele Möglichkeiten, diese Zeit zu gestalten: Manche schweigen und möchten nicht darüber reden; andere möchten alles erleben, wozu die Zeit noch bleibt.

Wenn wir bei einem sterbenden Menschen am Bett sitzen und dort über einen längeren Zeitraum verweilen, hält man dem Sterbenden oft die Hand. Dabei sollten Sie darauf achten, dass die eigene Hand unter der Hand des Sterbenden liegt. So kann dieser Mensch selbst entscheiden, ob er die Berührung möchte oder nicht. Er ist dann in der Lage, seine Hand jederzeit wieder wegzuziehen.

Zugleich gilt es, für sich selbst Sorge zu tragen. Erlebnisse mit Sterbenden gehen auch an mir nicht spurlos vorüber. Auch meine Seele braucht nach einer solchen intensiven Begleitung eine Auszeit. Mir helfen Gespräche mit meinem Ehemann, Spaziergänge in der Natur und auch ein Besuch im Schwimmbad.

Eine Pflegerin sagte mir: „Nach einer solchen intensiven Zeit gehe ich mit meinem Hund im Wald spazieren. Hier kommt meine Seele am besten wieder zur Ruhe." Eine andere Person erzählte mir: „Nach einer solchen intensiven Phase sehe ich mir gerne lustige Filme an. Das hilft mir, um wieder runterzukommen." Auch kollegiale Gespräche untereinander helfen dabei, mit diesen belastenden Erlebnissen fertigzuwerden.

Eine weitere Möglichkeit ist das Gebet, also mit Gott darüber zu sprechen.

Beten ist Kommunikation mit Gott. Dies kann mit eigenen Worten und Gedanken geschehen oder durch Gebete, Lieder, Psalmen und Bibelworte.

Gebete, Psalmen und Bibelworte

Gebete, Psalmen und Bibelworte eignen sich sehr gut zur Anwendung in der Sterbebegleitung. Man kann leise beten oder auch die Texte laut vorlesen. Man sagt, dass sterbende Menschen sehr gut hören können, auch wenn sie zuvor fast taub waren. Ein Grund, warum ich gerne Bibelworte bei sterbenden Menschen vorlese, ist: Gott selbst ist in diesen Worten und spricht dadurch zu den Menschen.

Gebete

Vater unser im Himmel!
Geheiligt werde dein Name.
Dein Reich komme.
Dein Wille geschehe, wie im Himmel so auf Erden.
Unser tägliches Brot gib uns heute.
Und vergib uns unsere Schuld,
wie auch wir vergeben unsern Schuldigern.
Und führe uns nicht in Versuchung,
sondern erlöse uns von dem Bösen.
Denn dein ist das Reich und die Kraft
und die Herrlichkeit in Ewigkeit.
Amen.

Herr Jesus Christus,
ich bitte dich, komm in mein Leben,
ich möchte mit dir leben und von dir lernen.
Bitte vergib mir alle meine Schuld
und hilf mir denen zu vergeben,
die an mir schuldig geworden sind.
Du hast versprochen,
immer bei mir zu bleiben,
auch in der Stunde meines Todes.
Ich darf in Ewigkeit bei dir leben.
So wie Jesus auferstanden ist,
so werde auch ich auferstehen.
Das Schönste liegt noch vor mir.
Ewiges Leben im Himmel. Amen

Gnädiger und barmherziger Gott, wir sagen dir
Dank, dass du uns im Sakrament der Taufe von aller
Schuld befreit und uns zu neuen Menschen gemacht
hast. Wir wollen in Treue zu deinen Geboten leben
und handeln. Schenke uns einen neuen Zugang zum
Glauben. Gib uns Weisheit, dich zu erkennen, Aus-
dauer, dich zu suchen, und Geduld, auf dich zu war-
ten. Lass uns aus deiner Liebe leben. Das bitten wir
durch deinen Sohn Jesus Christus, unseren Herrn.
Amen.

Psalm

Psalm 23, Der Herr ist mein Hirte

Der Herr ist mein Hirte,
mir wird nichts mangeln.
Er weidet mich auf einer grünen Aue
und führet mich zum frischen Wasser.
Er erquicket meine Seele.
Er führet mich auf rechter Straße
um seines Namens willen.
Und ob ich schon wanderte im finsteren Tal,
fürchte ich kein Unglück; denn du bist bei mir,
dein Stecken und Stab trösten mich.
Du bereitest vor mir einen Tisch
im Angesicht meiner Feinde.
Du salbest mein Haupt mit Öl und
schenkest mir voll ein.
Gutes und Barmherzigkeit werden
mir folgen mein Leben lang,
und ich werde bleiben im Hause
des Herrn immerdar.

Bibelworte

Johannesevangelium 17,3

Dies aber ist das ewige Leben, dass sie dich, den allein wahren Gott und den du gesandt hast, Jesus Christus, kennen.

Johannesevangelium 14,6

Jesus sagt: „Ich bin der Weg, der zur Wahrheit und zum Leben führt. Einen anderen Weg zum Vater gibt es nicht."

Johannesevangelium 14,2

„Im Hause meines Vaters gibt es viele Wohnungen, und ich gehe jetzt, um dort einen Platz für euch bereitzumachen."

Johannesevangelium 1,12

„Jeder, der Jesus aufnimmt und ihm vertraut, der hat das Recht, ein Kind Gottes zu sein."

Offenbarung des Johannes 21,3–7

Vom Thron her hörte ich eine starke Stimme: „Jetzt wohnt Gott bei den Menschen." Er wird bei ihnen bleiben und sie werden sein Volk sein. Er wird alle ihre Tränen abwischen. Es wird keinen Tod mehr geben und keine Traurigkeit, keine Klage und keine Quälerei mehr. Was einmal war, ist für immer vorbei. Dann sagte er, der auf dem Thron saß: „Jetzt mache ich alles neu. Ich bin der Erste und der Letzte, der Anfang und das Ende. Wer durstig ist, dem gebe ich umsonst zu trinken. Ich gebe ihm Wasser aus der Quelle des Lebens. Wer den Sieg erlangt, wird dieses Geschenk von mir erhalten, und ich werde sein Gott sein, und er wird mein Sohn (meine Tochter) sein."

Das Apostolische Glaubensbekenntnis

Ich glaube an Gott,
den Vater, den Allmächtigen,
den Schöpfer des Himmels und der Erde,
und an Jesus Christus,
seinen eingeborenen Sohn, unseren Herrn,
empfangen durch den Heiligen Geist,
geboren von der Jungfrau Maria,
gelitten unter Pontius Pilatus,
gekreuzigt, gestorben und begraben,
hinabgestiegen in das Reich des Todes,
am dritten Tage auferstanden von den Toten,

aufgefahren in den Himmel;

er sitzt zur Rechten Gottes,

des allmächtigen Vaters;

von dort wird er kommen,

zu richten die Lebenden und die Toten.

Ich glaube an den Heiligen Geist,

die heilige, katholische (oder christliche) Kirche,

Gemeinschaft der Heiligen,

Vergebung der Sünden,

Auferstehung der Toten

und das ewige Leben. Amen.

Schlussgedanken

Für mich beginnt die Sterbebegleitung, sobald ein Mensch weiß, dass er nicht mehr lange leben wird. Das kann unter Umständen schon sehr lange vor dem eigentlichen Sterben sein. Hier beginnt eine Zeit des Auseinandersetzens. Wenn ein Mensch neu in das Pflegeheim einzieht, mache ich mir Gedanken zu diesem Menschen:

- Wo steht dieser Mensch in seiner Beziehung zu Gott?
- Wie kann diesem Menschen geholfen werden, Zugang zu Gott zu finden?
- Wie kann die Einrichtung helfen und wie kann ich persönlich helfen?

In unserer Einrichtung gibt es vielfältige Möglichkeiten, von Gott zu hören, zum Beispiel in Gottesdiensten und den Heiligen Messen in unserer Hauskapelle. Zudem bieten wir Demenz-Andachten an. Diese Andachten richten sich speziell an Menschen mit eingeschränkten Alltagskompetenzen. Darüber hinaus gibt es Bibelstunden, Frühschichten und Oasentage für die Bewohner. Den Mitarbeitern stehen religiöse Auszeiten zur Verfügung.

Ganz besonders wichtig sind auch die persönlichen Gespräche. Hier geht es darum, zuzuhören.

<u>Markus 1,15:</u> Jesus kam nach Galiläa und predigte das Evangelium Gottes. Er sagte: „Die Zeit ist erfüllet, und das Reich Gottes ist herbeikommen. Tut Buße und glaubt an das Evangelium!"

Das Reich Gottes ist gekommen. Es ist nahe zu uns gekommen! Immer wenn wir etwas von Jesus hören, ist das Reich Gottes nahe zu uns gekommen.

Jesus lädt uns Menschen in das nahegekommene Gottesreich ein; die Hoffnung der Menschen auf Gemeinschaft mit Gott wird erfüllt, in Jesus ist das Reich Gottes da: ein Anlass zur Freude.

Wenn man das Wort Buße hört, denkt man vielleicht an einen Bußgeldbescheid für zu schnelles Fahren. Aber Buße im biblischen Sinne bedeutet Umkehr – Umkehr von einem Leben außerhalb der Liebe Gottes zu einem Leben mit Gott, mit einem menschenfreundlichen Gott. Der Weg der Umkehr ist ein Weg in die Arme eines guten Vaters; ein Vater, der uns liebt, der in seinem Herzen schon lange unterwegs war, um uns zu suchen.

Nun beende ich meine Aufzeichnungen mit einem Liedtext.

Ich singe dir ein Liebeslied

Ich singe dir ein Liebeslied, dir, mein Retter, dir, mein Jesus. Du hast so viel für mich getan, mein Erlöser, kostbarer Jesus. Mein Herz ist froh, denn du nennst mich ganz dein. Es gibt keinen Ort, wo ich lieber wär', als in deinem liebendem Arm,
in deinem liebendem Arm. Halte mich fest, ganz nah bei dir, in deinem Arm.

Alle Bibelstellen sind der „Guten Nachricht Bibel", Neuausgabe aus dem Jahr 2018, entnommen.